Havel
Berlin
ömmelte
Elbe
Mulde
Halle
Leipzig
EBRA
oseck
Neiße
Dresden
Chemnitz
Erzgebirge
TSCHECHISCHE
REPUBLIK
Únětice
Prag/Praha

Silke Vry · Marie Geissler

DUSTY DIGGERS

Auf der Jagd nach der krassesten Pizza der Bronzezeit

Die Geheimnisse
der Himmelsscheibe von Nebra

Juhu! Du hältst das erste Buch der »Dusty Diggers« in den Händen. »Dusty Diggers« heißt: »staubige Schatzgräber«.

Hier gibt es Geschichten von Schätzen und seltsamen Funden. Auch lernst du Menschen kennen, die total gerne im Boden graben und schon wertvolle Sachen gefunden haben – die Dusty Diggers.

Dieser Krimi handelt von einem dieser irren Funde – von einer Bronzescheibe so groß wie eine Pizza, auf der das älteste Bild vom Himmel ist, das wir kennen. Und wer alles um sie gerangelt hat: Raubgräber, Hehler und Polizisten, bevor sie zu den cleveren Experten kam, die ihr Rätsel lösten. Damit erfahren wir tolle Dinge über die Zeit, aus der sie kommt: die Bronzezeit.

Ob auch du ein Dusty Digger werden kannst? Na klar! Lies die Dusty Diggers-Tipps im »Schatzsucher-Handbuch«. Mit ihnen endet zwar das Buch, aber nur, damit DEINE Abenteuer beginnen können. Zum Beispiel beim Selber graben mit eigenem Metalldetektor.

Jetzt aber erstmal viel staubigen Entdeckerspaß bei der Suche nach dem ersten Schatz: der »Himmelsscheibe von Nebra«. Mach mit bei der »Jagd nach der krassesten Pizza der Bronzezeit«.

*Alle Worte mit * findest du hier erklärt*

Die Raubgräber

»Ich hab ein ganz komisches Gefühl im Bauch!«
»Komisches Gefühl? Du hast die Hosen voll,

»Nein, hab ich gar nicht. Aber hätten wir nicht lieber bei Dunkelheit ...?«

»Wie oft hab ich es dir schon erklärt, du Hasenfuß? Was sieht jemand, der uns beobachtet? Nichts, nur zwei Typen, die mit einem seltsamen Gerät in der Hand durch den Wald latschen! Wen kratzt das? Das ist doch schließlich nicht verboten. Meinst du, jemand ruft deshalb gleich die Polizei? Also, jetzt beruhig dich mal und such weiter. Sobald es dunkel wird, will ich hier nämlich weg sein – allein schon wegen dieser blöden Viecher da.«

»Na gut«, denkt Ronny, »den paar Wildschweinen ist es ganz sicher egal, was wir hier machen. Und ob wir hier überhaupt jemals irgendwas finden außer Müll, den jemand im Wald vergessen hat …«

Dann rückt er seine Kopfhörer zurecht und macht weiter. Bewegt – wie sein Kumpel – das Vorderteil seines Metalldetektors* dicht über der Erde hin und her und grast damit langsam, Schritt für Schritt, den Waldboden ab.

»Wir sehen aus, als würden wir staubsaugen – mitten im Wald!« Ronny muss lachen.

»Ja, total bescheuert sehen wir aus, und als würden wir beim Staubsaugen auch noch Musik hören.«

Natürlich tun sie das nicht. Die Kopfhörer auf ihren Ohren brauchen sie nicht für Musik, sondern für die Geräusche, die aus dem Boden kommen.
»Viel hör ich nicht«, stellt Ronny nach einiger Zeit fest. »Wie soll das überhaupt funktionieren, kannst du mir das mal erklären? Was sollen denn da für Geräusche im Boden sein?«

»Irgendwie hat das mit Magnetfeldern zu tun, keine Ahnung. Ist mir auch vollkommen egal. Hauptsache es piept, wenn im Boden was ist.«

Sie sind nicht zum Spaß hier. Sie sind hier, weil sie etwas suchen. Was genau? Vollkommen egal! Irgendetwas aus Metall natürlich – sonst bräuchten sie ihre Metallsuchgeräte nicht – etwas Spannendes, Wertvolles, etwas von früher. Etwas, das sie für möglichst viel Geld verkaufen können.

»Und was machen wir, wenn wir was finden?«, bohrt Ronny jetzt noch einmal nach.

»Blöde Frage, was wohl? Rausholen natürlich. Wenns piept in deinen Ohren, dann weißt du:

Buddeln! Deshalb sind wir doch hier.«

»Und du glaubst echt, dass hier mitten in dieser Wildschwein-Pampa irgendwas zu holen ist? Wer soll hier was verloren haben?«

»Hast du 'ne Ahnung! Irgendwas verliert jeder, ständig. Zum Beispiel die Soldaten im Krieg. Haben sich erst ihre Köppe eingeschlagen und dann alles andere um sich herum vergessen. Da ist dann schon mal was liegen geblieben, Waffen, Helme, Orden, lauter solche Sachen.«

»Und du bist ganz sicher, dass wir uns nicht strafbar machen?«

»Jetzt beruhig dich doch endlich mal! Solange wir nur suchen, kann uns doch wohl keiner was. Und wenn wir was finden, dann – tja, dann sehn wir mal. Dann muss es halt schnell gehen … Aber willst du jetzt quatschen, oder was?«

Und so hält der Jüngere wieder seinen Mund und beide Männer arbeiten sich mit ihren Geräten über den Waldboden in verschiedenen Richtungen voran.
Plötzlich zuckt der Ältere zusammen und reißt sich die Kopfhörer von den Ohren.

»Verdammt nochmal, ist das laut!«

Sein Suchgerät hat ihm ja schon so manches Mal gezeigt, wo Metall im Boden verborgen liegt. Aber er kann sich nicht erinnern, dass es jemals so laut gepiept hat wie jetzt. Das klingt vielversprechend – das klingt nach einem großen Gegenstand aus Metall gleich unter der Erdoberfläche.

»Hey, Ronny, komm doch mal her!«, ruft er seinem Kumpel zu und schiebt mit den Füßen das Laub zur Seite, bis der nackte Boden zum Vorschein kommt.
Hier oben, auf der kleinen Anhöhe, ist der Erdboden trocken. Das hat den Vorteil, dass es keine matschigen Pfützen gibt, die Wildschweine anlocken.
Dafür aber ist der Boden fast so hart wie Stein.

Ronny nimmt seinen Hammer und haut ihn mehrere Male mit voller Wucht in den Boden, bis ein kleines Loch entsteht.

»Pass doch auf. Da ist was.
Hörst du das nicht?
Irgendwas scheppert da doch!«

»Ja, aber das ist wohl nix Besonderes, bloß irgendein alter Eimerdeckel aus Blech. Kannst mal sehen, was für einen Müll die Leute so im Wald vergraben – Schweinebande!«

Tatsächlich, jetzt sieht Rüdiger es auch: Das »Ding« ist rund und steckt senkrecht im Boden. Ein kleiner Teil davon ist durch das Loch im Boden sichtbar geworden.
Er fährt mit den Fingern darüber, wischt vorsichtig den Sand ab. Plötzlich zuckt er zusammen.

»Quatsch! Das ist kein Eimerdeckel.
Haben Eimerdeckel Verzierungen aus Gold?
Sicher nicht. Das muss was anderes sein!«

Er nimmt eine kleine Hacke* zu Hilfe und beginnt, den Boden neben dem Gegenstand vorsichtig zu lockern. Währenddessen kratzt Ronny hektisch mit den Fingern im Dreck.

Ganz langsam, Millimeter für Millimeter, kommen sie voran. Sie sind so konzentriert, dass sie gar nicht merken, wie die Zeit verfliegt.

Nach zwei Stunden haben sie endlich die Hälfte des seltsamen Gegenstands freigelegt. Was kann das sein, dieses erdverkrustete und rätselhafte Etwas, das aussieht wie eine Scheibe?

Plötzlich wird der Boden unter ihren Fingern so hart, dass sie sogar mit dem Werkzeug nicht weiterkommen.

»Verdammt, so wird das nichts …!

Ist noch Wasser da? Nein? Mist! Hätten wir drüber kippen können. Alle anderen Getränke auch leer?«

»Ja, aber ich könnte doch … Muss meine Cola von vorhin sowieso noch loswerden …«, murmelt Ronny und steht auf. »Bist du verrückt geworden? Stell dich an einen Baum, wenn du pinkeln musst!«

Ronny erledigt schnell sein »Geschäft«.
Das mulmige Gefühl in seinem Magen hat er vergessen – er kann an nichts anderes mehr denken als an das rätselhafte »Ding« im Boden.

In der Zwischenzeit kratzt Rüdiger wie verrückt weiter auf dem Grund der Grube. Die Erde fühlt sich merkwürdig an: fest, gleichzeitig klebrig-lehmig, und sie ist seltsam dunkel verfärbt. »Das hat doch bestimmt was zu bedeuten«, schießt es ihm durch den Kopf.

Und bereits im nächsten Moment ruft er seinem Kumpel zu: »Ronny, jetzt mach doch mal!«
Seine Stimme bebt, als er atemlos hinzufügt:

»Hier ist noch mehr!«

Ronny eilt herbei, stolpert vor lauter Aufregung fast über seine Füße und knallt um ein Haar der Länge nach auf den Boden.

»Mist, Alter, hab ich was verpasst?«,

will er wissen und wedelt dabei hektisch mit seinen Armen.

Auf dem Grubengrund zeichnen sich jetzt – gut sichtbar – zwei Gegenstände ab. Ordentlich liegen sie da, gar nicht so, als hätte sie jemand zufällig hier verloren oder

irgendwann einmal versehentlich fallen gelassen. Sie liegen da wie versteckt, oder eher noch: wie »beerdigt«.

»Sind das etwa Beile? Was soll das denn? Warum sind da Beile?«

Rüdigers Hände zittern, als er die beiden Stücke aus dem Boden zieht.

Die Männer halten die Luft an, als sie merken, dass darunter noch mehr zum Vorschein kommt: zunächst ein metallener Gegenstand, der aussieht wie ein Meißel, dann zwei Schwerter. Und zum Schluss noch zwei spiralförmige Schmuckstücke, die aussehen wie Armreifen. Kaum haben sie all diese Dinge mühsam aus dem Boden gepult, lässt sich endlich auch die Scheibe bewegen.

»Ja, leck mich doch am A... Allerwertesten, ist die schwer!«,

ruft Rüdiger, als er sie hochhebt und staunend betrachtet. Nicht nur das Gewicht der Scheibe ist überraschend – auch die goldenen Verzierungen in Form von Kreisen, Punkten und mehreren Halbrunden erscheinen ihnen ganz außergewöhnlich.

Als alle Funde vor ihnen auf dem Waldboden liegen, betrachten sie sie für einen Moment. Beiden Männern schlägt das Herz bis zum Hals.

»Das hältst du ja im Kopp nicht aus! Was ist das?«,

will Ronny wissen.

»Ich hab keinen blassen Schimmer – ich weiß nur eins: Wir sollten von hier verduften, und zwar schnell!«

Und so stopfen sie alle Fundstücke in die mitgebrachten Gefrierbeutel – die Scheibe landet in einer Einkaufstüte. Dann füllen sie das Loch mit Müll und Erde, trampeln alles fest und verteilen zum Schluss noch Laub darüber.

»Perfekt!«, meint Rüdiger zufrieden. »Sieht das nicht genauso aus wie vorher?« Dann nimmt er noch einmal sein Metallsuchgerät zur Hand und lässt es ein letztes Mal über die Fundstelle gleiten.

»Sicher ist sicher!«, meint er grinsend, und als das Gerät stumm bleibt, greifen die Männer ihre Sachen und machen sich zügig aus dem Staub.

Kaum sitzen sie in Rüdigers Auto, überkommt Ronny wieder dieses mulmige Gefühl. Erneut beginnt er zu jammern:

»Jetzt haben wir den Salat. Was machen wir denn jetzt? Das Zeug gehört doch jemandem, oder etwa nicht?«

SGH-LA202

»Fängst du schon wieder damit an? Glaubst du echt, dass irgendjemand diesen alten Schrott vermissen wird? Ich wette, der lag schon seit einer Ewigkeit im Boden, als wir kamen.«

Doch auch Rüdiger ist überhaupt nicht wohl bei dem Gedanken, dass in seinem Kofferraum ein Schatz* liegt, der ein Vermögen wert sein könnte. Und der ihnen nicht gehört. Er weiß genau, dass sie gerade etwas Verbotenes getan haben. Deshalb will auch er mit dem seltsamen Fund so wenig wie möglich zu tun haben. Loswerden will er ihn, verkaufen – je eher, desto besser.

Immer wieder dreht Ronny sich um und blickt angestrengt auf die Straße:

»Uns verfolgt jemand!«,

ruft er bei jedem Auto, dessen Scheinwerfer hinter ihnen auf der Landstraße aufblitzen.
»Quatsch, jetzt beruhig dich endlich wieder«, fährt Rüdiger seinem Kumpel über den Mund.

»Du machst mich noch wahnsinnig!«

Dann legt er eine Kassette in den Kassettenrekorder und dreht die Lautstärke voll auf – sofort ertönt einer seiner Lieblingssongs:

»Money, money, money, must be funny ...!« – oh ja, denkt er, und summt die Melodie mit – Geld muss wirklich lustig sein. Das werden sie hoffentlich bald am eigenen Leib erfahren.

»Ruf Armin an«,

schlägt Ronny vor, als der Song zu Ende ist. »Noch heute Abend.

Wenn irgendjemand dafür Geld hinblättert, dann er, unser Freund aus Köln!«

Und endlich einmal widerspricht Rüdiger seinem Kumpel nicht, sondern denkt sich: »Wo er recht hat, hat er recht ...«

Die Hehler

Als es am nächsten Tag an Rüdigers Haustür klingelt, sehen sich Rüdiger und Ronny erstaunt an. Armin? Jetzt schon? Tatsächlich. Draußen steht ein verschwitzter Mann in einer zerknüllten Jacke und mit verrutschter Krawatte, neben ihm eine Frau: Armin und seine Freundin Else. Beide sehen müde aus, total kaputt. Alle begrüßen sich, dann kommt Armin direkt zur Sache:

»Keine Sekunde hab ich gezögert. Hab mir sofort das Geld von meiner lieben Else hier geborgt. Die hat mich sogar hergefahren. Die ganze Nacht sind wir durchgebrettert ohne Pause.

Wo sind jetzt die Sachen, hm? Ich sterbe vor Neugier ...«

Als die Fundstücke auf einem großen Frotteehandtuch vor ihnen auf dem Wohnzimmerboden liegen, stößt Armin einen anerkennenden Pfiff aus.

»Wow! Rüdiger, Ronny – ihr habt echt nicht übertrieben. Das ist ja der Wahnsinn! Was ist denn das??«

Er geht auf die Knie, nimmt staunend jeden einzelnen Gegenstand in die Hand, die Beile, die Armreifen, die Speere, das Werkzeug. Besonders lange betrachtet er die Scheibe.

»So was habe ich noch nie gesehen! Sonne, Mond und Sterne, hm?

Wenn ihr mir jetzt noch verratet, wo ihr das gefunden habt, dann kriegt ihr die 31.000 DM, die ihr haben wollt, und ich die Sachen.« Und genau so geht die Sache über die Bühne.

Drei Tage später bei Armin und Else zu Hause

»Verdammt und zugenäht! Das kann doch wohl nicht wahr sein!!«, ruft Armin genervt.

»Drei Tage hab ich dieses blöde Ding nun schon in Spülmittel eingeweicht. Ich hab sogar meine Zahnbürste geopfert, und deine übrigens auch, Else, sorry. Aber so sehr ich auch schrubbe und putze, die Sachen sehen immer noch genauso aus wie am ersten Tag.«

Armin bricht der Schweiß aus.
31.000 DM hat er für die Scheibe und die anderen Fundstücke hingeblättert. Ob das ein Fehler war?

Er will die Sachen ja nicht behalten – auch er will sie wieder loswerden. Für viel Geld – für sehr viel Geld! Dafür müssen sie aber gut aussehen, zumindest besser als jetzt …

»Schatz, wie lange soll das noch so weitergehen? Langsam nervt mich der alte Schrott in meiner Wanne. Ich würde gerne mal wieder ein Bad nehmen!

Wann bist du endlich fertig mit deinem Abwasch, hm?«

»Else, hör auf zu meckern. Bald kriegst du nicht nur deine Wanne zurück. Bald kriegst du ein vollkommen neues Badezimmer! Verrat mir jetzt aber erst einmal, womit du die Pfannen schrubbst, wenn du die Spiegeleier anbrennen lässt.«
»Na gut«, seufzt Else und kommt kurz darauf zurück ins Bad:

»Hier«, sagt sie, »Stahlwolle.
Wenn das nichts nützt,
dann weiß ich auch nicht ...«

Armin schrubbt mit aller Kraft drauflos.
»Super«, ruft er, als er das Ergebnis betrachtet, »das scheint ja endlich zu funktionieren.«

Was er nicht weiß: Stahl ist härter als Gold – und auch als Bronze*, daraus ist die Scheibe nämlich gemacht. Und eine goldverzierte Bronzescheibe ist nun mal keine Bratpfanne. Das Resultat: Die Scheibe sieht jetzt zwar sauberer aus als vorher, ist dafür aber ziemlich verkratzt. Trotzdem ist Armin zufrieden: Er strahlt mit dem Gold um die Wette und sein Fund kann sich endlich sehen lassen. Jetzt muss er die Sachen nur noch loswerden.

Frühjahr 2000: Armin beim verzweifelten Versuch, seine Funde an Museumsleute zu verscherbeln

»Mein Name spielt keine Rolle! Ich hab was für Sie! Beile, Schwerter, eine Scheibe, goldverziert …«

»Kommen Sie erst mal her. So am Telefon kann ich dazu gar nichts sagen …«
»Woher haben Sie das?«

»… ehrenamtliche Schatzgräber, alles legal …«

»Woher genau?«

»Sachsen-Anhalt …, irgendwo von dort, mehr weiß ich nicht …«

»Aus Sachsen-Anhalt? Da gilt doch das Schatzregal!!!*
Vergessen Sie's! DAS IST VERBOTEN! ILLEGAL!
Nie im Leben kommen wir ins Geschäft!«

»Sind Sie irre, mir das anzubieten? Wenn ich das kaufe, werde ich zum Hehler und mache mich strafbar!«*

»Kommen Sie nur vorbei. Wir lassen Sie verhaften!«

Armin könnte verzweifeln: Wem auch immer er die Funde anbietet: Keiner will sie haben!
Gibt es denn niemanden, der ihm das Zeug für viel Geld abkauft? Er muss einen anderen Weg finden.

Kurz darauf im »Historia« in der Nähe von Köln

Armin hat den heißen Tipp bekommen, in ein Restaurant zu gehen – nicht in irgendeins, sondern in ein ganz spezielles, gar nicht weit entfernt: ins »Historia«. Hier treffen sich Leute, nicht nur um zu essen und zu trinken, sondern weil sie ein gemeinsames Hobby haben:

Sie alle sammeln altertümliche Dinge, Reste der Vergangenheit, und sie diskutieren darüber. Manchmal kaufen sie sich ihre Funde auch gegenseitig ab oder stellen sie im Restaurant aus. Dass hier vieles nicht mit rechten Dingen zugeht? Das scheint niemanden zu stören.

»Darf ich bekannt machen?«, kommt Ingeborg, die Chefin, auf Armin zu. »Armin – Horst, Horst – Armin.«

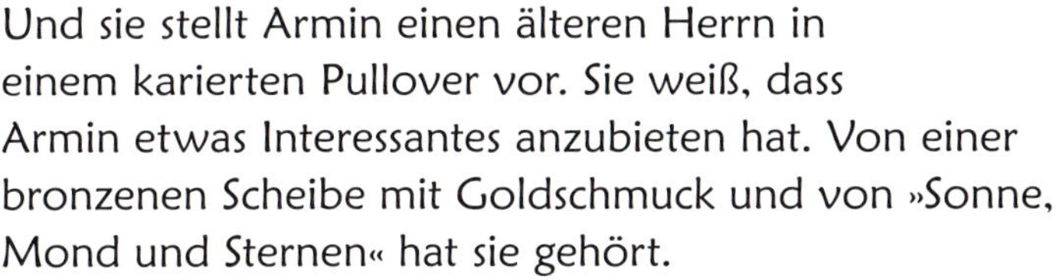

Und sie stellt Armin einen älteren Herrn in einem karierten Pullover vor. Sie weiß, dass Armin etwas Interessantes anzubieten hat. Von einer bronzenen Scheibe mit Goldschmuck und von »Sonne, Mond und Sternen« hat sie gehört.

Sie weiß auch, dass Horst etwas Besonderes sucht. Und da sie sich eigentlich wie eine Museumsdirektorin fühlt, hilft und vermittelt sie natürlich gerne.

Wilhelm I

Und tatsächlich: Nach einer Weile sind sich die beiden Männer einig: Armin verkauft die Scheibe an Horst für 230.000 Mark.

»Ha«, denkt Armin, »zwar längst nicht so viel wie erhofft, aber immerhin fast 200.000 Mark Gewinn. Endlich bin ich das Zeug los.«

Dann klopft er auf Holz und sagt beschwörend: »Und toitoitoi dafür, dass die Polizei nicht hinter mir her ist …«, steigt in sein Auto und fährt fröhlich pfeifend nach Hause.

Mehrere Monate später

Längst hat Else ihr neues Badezimmer bekommen. Armin hat dafür ein kleines Vermögen hingeblättert. Auch sonst hat er sich einiges »gegönnt«. Auf jeden Fall ist das Geld weg, futsch, ausgegeben. Manchmal, wenn er in Elses neuer Badewanne liegt und ein duftendes Schaumbad nimmt, fragt er sich:

»Wo in aller Welt mag jetzt wohl die alte Scheibe sein? Und all der andere Kram?«

Egal, sagt er sich, Hauptsache nicht mehr bei mir, taucht ab und denkt an etwas anderes.

Er hat ja keinen blassen Schimmer! Er ahnt nicht, dass die Polizei längst von dem Fund weiß. Er ahnt auch nicht, dass die Polizei sogar seinen Namen und seine Adresse kennt!

Er ahnt nicht, dass die Museumsleute von seinen Anrufen erzählt haben. Noch spürt er nicht die Schlinge, die sich gerade um seinen Hals legt und die sich langsam immer weiter zusammenzieht. Noch fühlt er sich in Sicherheit.

Doch dann geschieht eines Tages dies:

Und bald darauf das:

Plötzlich kann Armin nachts nicht mehr schlafen. Er kann auch nicht mehr essen und er hat auch keine Ruhe mehr, um ein Bad zu genießen.
Die Welt sieht plötzlich gar nicht mehr rosig aus.

So viel steht also fest: Er wird gesucht.
Er hat plötzlich den Eindruck, kaum noch Luft zu bekommen. Ein furchtbares Gefühl! Angst!!!

Also greift er zum Telefonhörer und wählt die Nummer eines Rechtsanwalts.
Als der sich meldet, fängt Armin an zu erzählen: von der Scheibe, den anderen Funden, von Ronny und Rüdiger, natürlich von Else und dem Badezimmer, von Ingeborg

und Horst, von den 230.000 Mark, von der Zeitung und von der Polizei. Dann herrscht erst einmal Stille. Dem Rechtsanwalt hat es die Sprache verschlagen.

Gestehen Sie ALLES!

»Wissen Sie was?«, fragt er dann und beantwortet seine Frage gleich selbst: »Sie haben einen riesengroßen Mist gebaut!«

Armin will nur wissen: »Was soll ich denn jetzt machen?«

»Da gibts nur eins«, rät der Fachmann in Rechtsfragen. »Gehen Sie zur Polizei. Sagen Sie denen alles zu dem Fund.«

»Oh ha«, denkt Armin, nachdem er aufgelegt hat, »da bin ich jetzt aber wirklich am Arsch!«

Um der Polizei also ALLES über die Scheibe sagen zu können, muss er wissen, wo ihr Fundort ist. Das muss er von Rüdiger und Ronny rauskriegen, ohne dass sie Verdacht schöpfen, wozu er dieses Wissen braucht.

Er ruft Ronny, den Hasenfuß, an und macht ihm richtig Angst, damit er ihn zum Fundort führt: »Stell dir doch bloß vor, Ronny, ihr hättet dort Knochen übersehen. Dann wäre das ein Grab! Dann kriegt man euch nicht nur wegen Diebstahl, sondern auch wegen Störung der Totenruhe* dran, weißt du das eigentlich? Das macht noch mal ein paar Jahre Knast extra!«

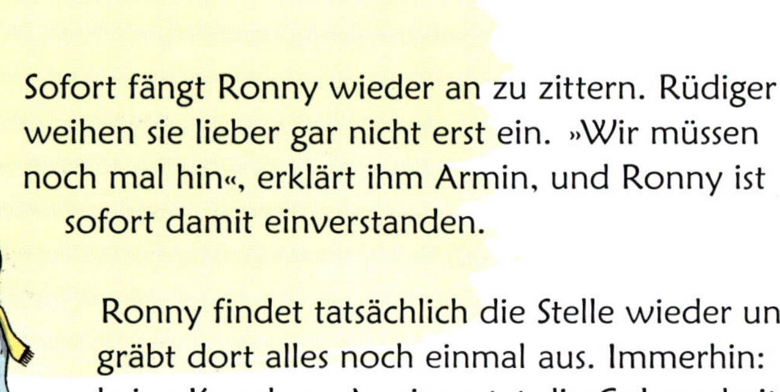

Sofort fängt Ronny wieder an zu zittern. Rüdiger weihen sie lieber gar nicht erst ein. »Wir müssen noch mal hin«, erklärt ihm Armin, und Ronny ist sofort damit einverstanden.

Ronny findet tatsächlich die Stelle wieder und gräbt dort alles noch einmal aus. Immerhin: keine Knochen. Armin nutzt die Gelegenheit (für sein eigentliches Vorhaben) und versieht den nächsten Baum mit einer Markierung. So kann er die Stelle wiederfinden, wann immer es nötig sein wird.

Dann geht er zur Polizei – und verrät alles! Plaudert einfach alles aus. Verrät Rüdiger, verrät Ronny und verschweigt auch Ingeborg nicht und auch nicht Horst. Und er ist sogar bereit, die Polizei zum Fundort zu führen – kein Problem, seit der Baum daneben eine auffällige Markierung trägt.

Jetzt weiß die Polizei alles. Und die Museumsleute haben ja eh schon von dem Wahnsinnsfund gehört, weil Armin sie vor ein paar Monaten wegen der Scheibe angerufen hatte. Alle warten gespannt darauf, dass die Scheibe irgendwo auftaucht, aber die nächsten zwei Jahre bleibt sie einfach verschwunden …

Die Polizei

BASLER POLIZISTEN
POLIZEI
POLIZEI
POLIZEI
ARCHÄOLOGE WILLI, »DER LOCKVOGEL«

23.2.2002 – Polizeirevier Basel

»Sollen wir noch einmal alles durchgehen?«

»Ja, bitte. Ich bin etwas nervös …«

»Gut! Also, das Wichtigste:
Gleich werden Sie die Gauner treffen. Reden Sie mit ihnen,
verhalten Sie sich unauffällig. Lassen Sie sich die Sachen
zeigen und sehen Sie sich alles ganz genau an.
Den Rest erledigen wir –
Sie halten sie hin und wir schlagen zu.
Wir werden IMMER in Ihrer Nähe sein. Alles klar …?«

»Alles klar! Ich geb mein Bestes!«

»Ach ja, und denken Sie daran:

Gehen Sie mit niemandem mit, steigen Sie in kein Auto und spielen Sie bloß nicht den Helden.«

Der Mann, der sich aufmerksam die Anweisungen der freundlichen Schweizer Polizisten anhört, ist Willi. Er ist ein Archäologe* aus Deutschland, ein cooler Typ. Seit Monaten weiß er von der Himmelsscheibe und will sie unbedingt für sein Museum haben. So hat er die Hehler aufgespürt und am Telefon so getan, als wolle er die Scheibe und die anderen Funde für sein Museum kaufen. Natürlich DARF er das gar nicht, sonst würde er ja auch zum Hehler werden. So ist er als »Lockvogel« in die Schweiz gereist.

Kurz darauf sitzt er zusammen mit einer Frau und einem Mann in der Kellerbar eines vornehmen Hotels. Das also sind Deutschlands meistgesuchte Hehler, denkt er. Sehr clever, sich in der Schweiz zu treffen: Hier kann die deutsche Polizei nicht zugreifen, so glauben sie.

Willi schlägt das Herz bis zum Hals. Natürlich macht er alles genauso wie mit den Schweizer Polizisten besprochen – erst einmal redet er einfach drauflos, plaudert übers Wetter, über dies und über jenes, und verhält sich auch sonst so normal wie möglich.

Unauffällig lässt er immer wieder seinen Blick durch den Raum schweifen.

»Wo sind denn bloß die Polizisten?«,

fragt er sich. Am Tresen sitzt eine hübsche junge Frau, dahinter mixt ein Barmann Cocktails. An einem der Tische sieht er einen Einbeinigen, dessen Krücken am Stuhl lehnen. Das wars! Sonst niemand. Von Polizisten keine Spur! Das kann ja heiter werden, denkt er.

Doch bevor er sich darüber den Kopf zerbrechen kann, zieht nun der Mann, dessen Namen er nicht kennt, ein Beil aus der Tasche und legt es vor sich auf den Tisch.

»Tun Sie, was Sie tun müssen ...«, flüstert er. »Aber tun Sie es schnell ...«

Willi öffnet sein gelbes Köfferchen, holt einige kleine Geräte und Fläschchen mit Flüssigkeiten daraus hervor, kratzt an dem Beil, träufelt hier, tropft da, wartet, schaut, und tut so, als würde er die Echtheit prüfen.

Doch eigentlich muss er das gar nicht tun – er ist längst überzeugt, dass das Beil und ganz sicher auch die anderen Sachen »echt« sind, auf jeden Fall ganz außergewöhnlich. Immer wieder blickt der Mann im Strickpullover währenddessen auf seine Uhr.

»Das dauert ja ewig«,

scheint er zu denken.
Aber genau das will Willi: Zeit gewinnen. Er will die beiden in Sicherheit wiegen, ihnen das Gefühl geben, als sei alles in bester Ordnung.

Er selbst ist mehr als beunruhigt. Das darf er sich aber nicht anmerken lassen. Während er das Beil genauer untersucht, gehen ihm ganz andere Gedanken durch den Kopf.

»Wann denn wohl endlich die Polizisten kommen ...«,

fragt er sich. Und ihn quält die Frage, wo die Scheibe stecken könnte. Er weiß, dass sie nicht ganz klein ist, eine Handbreit größer als seine Lieblingspizza.

In einer der Taschen? Unmöglich, die sind allesamt zu klein für die große Scheibe. Wozu aber dieser ganze Hokuspokus und der ganze Aufwand, wenn die Scheibe ganz woanders ist?

Laut sagt er – so gelassen wie nur möglich:

»Beil hin, Beil her. Jetzt würde ich aber gerne einmal die Scheibe sehen. Sie haben sie doch dabei – wie verabredet?«

Und dabei blickt er dem Mann, dessen Namen er nicht kennt, tief in die Augen.

Der sieht kurz zu der Frau hinüber. Die schaut zurück und nickt, fast unmerklich.

Dann geschieht etwas total Krasses.
Der Mann zieht seinen karierten Pullover hoch, bis eine dicke Schicht Frotteehandtücher zum Vorschein kommt.
Er entfernt umständlich die Bänder, die alles zusammenhalten und unter den Handtüchern erscheint nun endlich die Bronzescheibe.

»Puh«, atmet der Archäologe auf und denkt sich seinen Teil.

»Der Mann hat zwar einen Sprung in der Schüssel, aber dafür ist die Scheibe ganz! Dann war auf jeden Fall nicht alles umsonst.«

Und dann betrachtet er das kostbare Stück, nimmt es in die Arme, fährt mit den Fingern über die glatte Oberfläche und für einen Moment scheint alles um ihn herum stillzustehen.

Bis ihn eine scharfe Stimme aus seinen Träumen reißt.

»So, dann ist jetzt ja alles geklärt«, hört er die Frau sagen und sieht, wie sie einen Zettel aus ihrer Tasche zieht. »Dürfte ich Sie also bitten, … genau hier … zu unterschreiben?«

» … äh ja, natürlich, äh, klar, der Kaufvertrag …«
Willi räuspert sich und flucht in Gedanken vor sich hin ...

Laut sagt er:
»Einen Moment bitte, entschuldigen Sie, meine Hände – sie sind ganz klebrig, ich muss sie erst waschen …«, steht auf und geht zur Toilette. Hier atmet er erst einmal tief durch. Sein Handy hat er griffbereit und die Nummer der Basler Polizei ist längst darin gespeichert. Seine Finger fliegen über die Tasten, als er schreibt:

»Wir sind in der Kellerbar. Wo bleiben Sie?«

Dann drückt er auf »Senden« – doch nichts geschieht.

»Oh nein, auch das noch!« Er schimpft leise vor sich hin: Hier unten – in dem Kellergewölbe mit den dicken Mauern – hat sein Handy keinen Empfang. Wie soll seine Nachricht jemals die Polizei erreichen? Er geht auf und ab, wäscht seine Hände, einmal, zweimal, überlegt, hält sein Handy nach oben, nach unten, wäscht erneut seine Hände, betrachtet sich nachdenklich im Spiegel – doch noch immer passiert nichts.

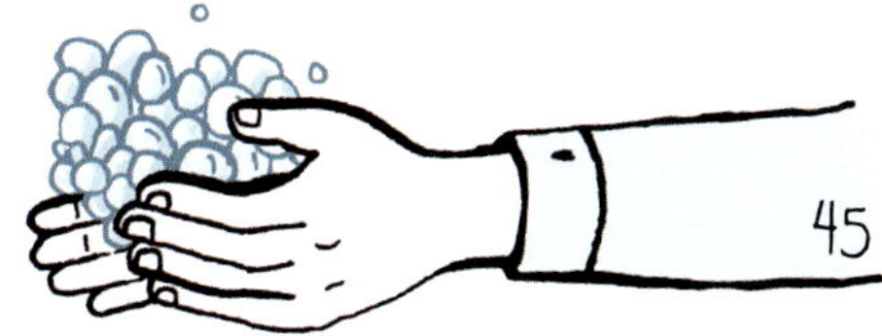

Und dann – aus heiterem Himmel – macht es plötzlich

»pling«.

Und auf dem Display seines Handys
erscheinen die Worte, die ihn aufatmen lassen:

»Ihre Nachricht wurde versendet.«

Zurück in der Bar geht alles ganz schnell, plötzlich wimmelt es nur so von Menschen, überall hektische Bewegungen und laute Stimmen.

»Polizei, Sie sind verhaftet!«,

schallt es durch den Raum und schon im nächsten Moment wird Ingeborg von einem Polizisten abgeführt. Ein weiterer Polizist schnappt sich den Mann im karierten Pullover. Die beiden sind vollkommen starr vor Schreck, sagen können sie gerade gar nichts mehr. So viel ist klar: Der Spuk hat nun ein Ende. Die Hehler gehen der Polizei ins Netz und die kostbaren Funde sind endlich in Sicherheit.

DIE HIMMELSSCHEIBE VON NEBRA

was?

eine Scheibe aus Bronze mit goldenen Verzierungen in Form von Sonne, Mond und Sternen; zusammen mit der Scheibe wurden gefunden: zwei Bronzebeile und -schwerter, zwei Armreifen und ein Meißel

wie groß?

32 cm im Durchmesser (also so groß wie eine Pizza)

woraus?

aus Bronze, die Verzierungen sind aus reinem Gold

wie?

die Bronze wurde geschmiedet, das Gold als Einlegearbeit auf der Bronze befestigt

wo jetzt?

Landesmuseum für Vorgeschichte Halle (Saale)

wie schwer?

2050 g (also so schwer wie zwei Packungen Milch oder vier Pizzen), davon sind 32 g Gold

wie erhalten?

ein Stück Gold ist aus dem Goldkreis herausgerissen, das gesamte Gold ist verschrammt; am Rand befindet sich eine fein gezackte Beschädigung

wo gefunden?

in der Nähe von Nebra

wann gefunden?

1999; 2002 von der Polizei in Basel (Schweiz) beschlagnahmt

wie alt?

erschaffen in der Frühbronzezeit, ca. 1600 v. Chr. (also 3600 Jahre alt, einige Wissenschaftler glauben: 1000 Jahre jünger)

das Besondere?

die älteste bekannte Himmelsdarstellung; einer der bedeutendsten archäologischen Funde des 20. Jahrhunderts, gehört seit 2013 zum UNESCO Dokumentenerbe*

Die Fachleute

Puh, zum Glück ist die Scheibe nun endlich in sicheren Händen, und sowohl die Diebe als auch die Hehler sehen einer saftigen Strafe entgegen. Jetzt kann Willi aufatmen. Die Scheibe und die Funde kommen nach Halle, ins Landesmuseum für Vorgeschichte. Da ist Willi nämlich Direktor. Damit geht sein Plan auf, für den er als Lockvogel in der Schweiz alles gegeben hat: Die Himmelsscheibe ist endlich wieder dort, wo sie ursprünglich herkommt. Naja, fast – ihr Fundort liegt 39 Kilometer vom Museum entfernt.

Und hier? Hier bekommt sie endlich die Aufmerksamkeit, die sie verdient. Nicht etwa die von Räubern und Hehlern, sondern zum Beispiel die von Wissenschaftlern. Und der Archäologe wird gefeiert wie ein Held.
»Himmelsscheibe« wird die Scheibe längst genannt.

Wer jetzt fragt, warum denn das, hat wohl Tomaten auf den Augen und Knoblauch im Gehirn, und sollte die Scheibe einmal ganz genau anschauen.

Im Museum bekommt der Archäologe lauter Anrufe von Leuten, die das Rätsel um die Himmelsscheibe zu kennen glauben. So ganz zufrieden ist er damit allerdings nicht …

»Die gehört meiner Oma. Sie hat sie aus Versehen verkauft.«

»Eine Fälschung! Ich habe sie gemacht und hätte sie jetzt gerne wieder.«

»Eine Bauanleitung für ein Perpetuum mobile.«

»Die Weltformel für Frieden auf Erden ...«

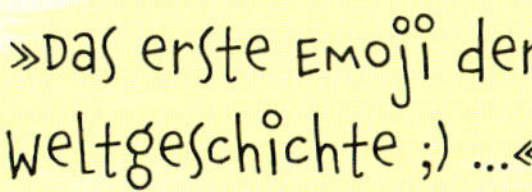

»Das Bild einer Pizza.«

»Das erste Emoji der Weltgeschichte ;) ...«

»Ich komme aus der Zukunft und bin mit der Scheibe in die Vergangenheit gereist. Auf jeden Fall gehört sie mir und ich brauche sie für meine Rückreise. Das müssen Sie doch verstehen ...«

Als Archäologe hat Willi jetzt die Verantwortung für die Scheibe. Man könnte fast sagen, er ist ihr

»Sorgeberechtigter«:

Willi sorgt dafür, dass sie sicher verwahrt ist und dass es ihr gut geht. Manchmal sieht man ihn kleine Freudentänze aufführen – so glücklich ist er über die Himmelsscheibe. Meistens aber steht er einfach nur da und betrachtet sie liebevoll und gedankenverloren.

Sie ist aber nicht sein Eigentum, nein, sie »gehört« allen Menschen. Nicht gerade so, dass sie jeder mal mit nach Hause nehmen dürfte! Aber alle sollten sie anschauen und etwas über sie erfahren können.

Allein deshalb muss Willi versuchen, hinter ihre Geheimnisse zu kommen. Bis es so weit ist, gibt es allerdings noch vieles, das er von ihr wissen muss.

»Antworte mir doch mal! BITTE!«

Doch natürlich bleibt die Scheibe stumm. Ihr ist es nämlich vollkommen egal, ob Willi sich die Haare rauft oder fast verzweifelt. Fest steht: Die Antworten auf seine vielen Fragen muss er anderswo finden.

»Was bist du?«

»Du darfst auch PAPA zu mir sagen.«

»Sprich mit mir!«

»Magst du Pizza?«

»Was hast du erlebt?«

»Woher kommst du?«

»Wer hat dich gemacht?«

»Hast du noch Verwandte?«

»Was kannst du?«

»Wie alt bist du?«

»Lachst du mich aus?«

»Willst du, dass ich verrückt werde?«

»Bist du echt oder gefälscht?«

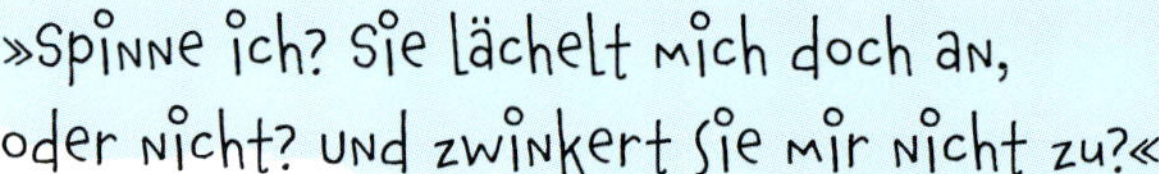

Wie auch immer ... Bevor Willi andere Fachleute um ihre Meinung zu der Scheibe bittet, muss er selbst erst einmal einige wichtige Dinge klären.

Zuerst nämlich diese: Ist die Scheibe überhaupt »echt«? Das klingt so simpel, ist aber gar nicht so leicht zu beantworten. Es gibt nämlich keine Scheibe, mit der er diese hier vergleichen könnte:
Seine Himmelsscheibe ist nun mal einmalig!

Was »echt« bedeutet, möchte da jemand wissen? Na, ob sie wirklich richtig alt ist. Oder ob sie jemand gefälscht hat ... Leider steht ja keine Jahreszahl auf ihr drauf.

Willi hat einmal versucht, wie ein Fälscher zu denken. Wie einer, der eine Fälschung zu Geld machen will. Was würde ER dann fälschen? Doch sicher etwas, das jeder sofort als etwas Wertvolles erkennen würde – vielleicht das Gemälde eines berühmten Malers. Aber auf keinen Fall solch eine komplizierte Scheibe. Und er würde auch nicht so tun, als hätte er sie in Sachsen-Anhalt gefunden, also ausgerechnet hier, wo das Schatzregal gilt. Damit würde er sich doch nur Ärger einhandeln. Willi wäre clever genug und würde behaupten, sie käme zum Beispiel aus Bayern. Da gibt es das Schatzregal nämlich gar nicht – da kann man, was man im Boden findet, einfach behalten.

Willi ist sich deshalb ziemlich sicher: Die Scheibe ist nicht gefälscht, sondern echt.

Jetzt kann Willi die Scheibe endlich ganz in Ruhe betrachten – nicht so wie damals im Keller des Hotels, als ihm die Hehler direkt vor der Nase saßen und ganz schön an seinen Nerven zerrten.

Woraus sie gemacht ist? Eindeutig: aus Bronze.
Wer jetzt denkt:

»Bronze, pff, na und?«,

der ahnt nicht, dass Bronze ein besonderes Material ist – geradezu magisch und schon vor Jahrtausenden erfunden. Dieses harte Metall kommt nicht einfach so in der Natur vor wie etwa Gold, Silber, Kupfer oder Zinn, man muss Bronze erst herstellen. Und bevor man das machen kann, muss man ja erst einmal wissen, DASS das überhaupt geht. Wer das konnte, war ein richtig kluger Kopf.

Willi muss also mehr über die Bronze herausbekommen. Vielleicht bringt ihn das weiter …

Nebenbei bemerkt: Ein ganzes Zeitalter wurde nach diesem Metall benannt, das sehr beliebt war, verrückt, oder? (Nein, nicht die Eisenzeit, die Bronzezeit* natürlich …)

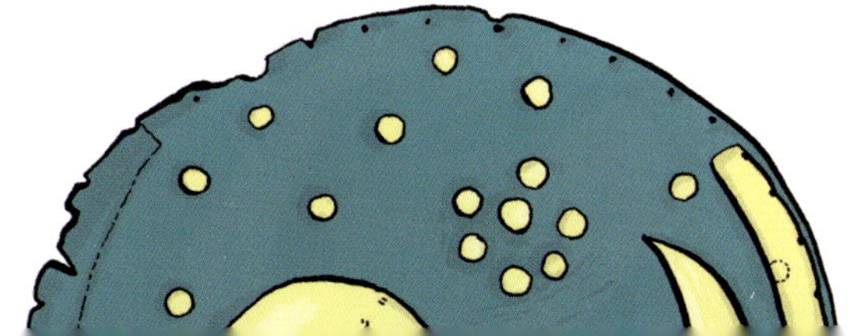

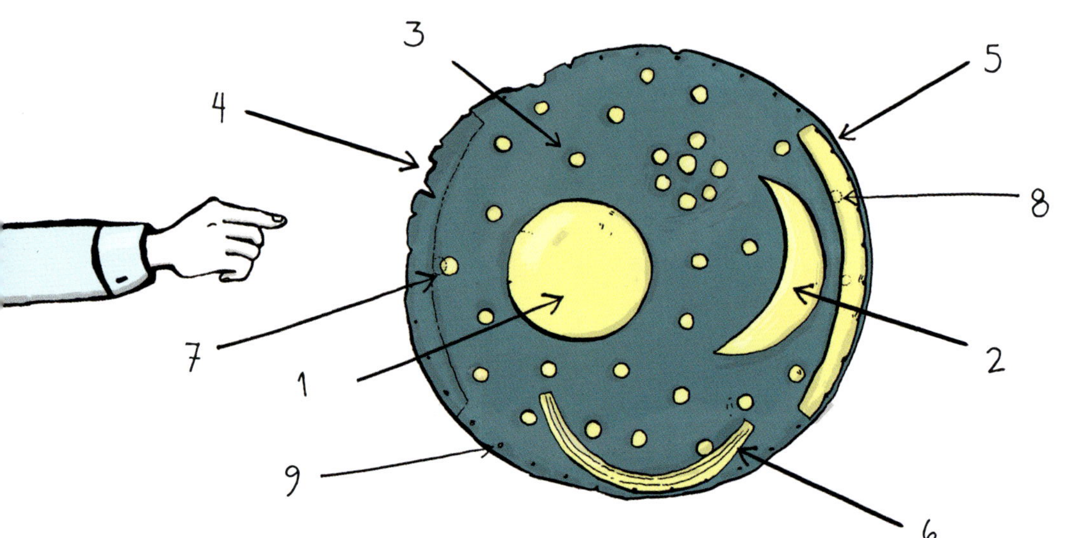

Noch auffälliger als die Bronze sind die goldenen Verzierungen. Wunderschön, nicht wahr? Wie das Gold auf der dunklen Bronze leuchtet!

Das sollen doch wohl Sonne, Mond (1/2) und Sterne (3) sein.

Die Scheibe zeigt den Himmel, es ist eine »Himmelsscheibe«.

Da hat sich jemand richtig Mühe gemacht und jedes Goldplättchen auf dem Untergrund befestigt. Wer mag denn wohl ein solches Himmelsbild gebraucht haben? Und wozu?

Wenn Willi die Scheibe genauer betrachtet, kann er noch mehr entdecken: Hier (4) zum Beispiel fehlt etwas. Wahrscheinlich ein ähnlicher Bogen, wie er auf der anderen Seite erhalten ist (5).

Und dieser Bogen hier (6) unterscheidet sich von dem anderen. Soll das ein Boot sein? Was hat das denn am Himmel verloren?

Diesen Stern (7) hat anscheinend jemand ein Stückchen von links nach rechts versetzt. Und hier (8) sind zwei Sterne unter dem goldenen Bogen verschwunden. Die Scheibe wurde verändert! Willi kann erkennen, dass zuerst die Sterne da waren und dass später die Bögen dazukamen. Und die vielen Löcher (9) hier? Was haben die denn zu bedeuten?

Aber Willi darf nicht nur Fragen stellen, er muss vor allem Antworten finden. Und Hinweisen nachgehen – wie ein Detektiv ...

Als erstes untersucht Willi eine Stelle auf dem Mittelberg, mitten im Wald. Einer der beiden »Finder« hat – laut Polizei – behauptet, dass das der Fundort sei. Darauf verlässt Willi sich lieber nicht, er ist ja schließlich Wissenschaftler. Deshalb sieht er sich die Stelle noch einmal ganz genau an und stellt fest: Das könnte tatsächlich das wieder aufgefüllte Grabungsloch sein.
Er gräbt es noch einmal frei. Alles Mögliche kommt dabei zum Vorschein.

Dann nimmt Willi mit seiner Kollegin Maria Proben aus dem Boden. Die lassen sie in einem Labor untersuchen. Das Ergebnis ist eindeutig: In dem Boden befinden sich Spuren von Halbedelmetall* – und zwar nicht zu knapp. Das bedeutet:

Hier muss über sehr lange Zeit hinweg ein metallener Gegenstand im Boden gelegen haben.

Der Fundort dürfte also stimmen. Sehr gut.

Dann sind Willi und Maria natürlich total gespannt, ob sie auch Knochen entdecken. Aber: von Knochen keine Spur. »Kein Fund ist auch ein Be-Fund«, sagen die Archäologen. Damit meinen sie: Wenn etwas NICHT da ist, können sie trotzdem etwas Wichtiges daraus schließen. Keine Knochen bedeuten:

Das war kein Grab, und auch die anderen gefundenen Gegenstände – die Armreifen, die Beile und der Meißel – waren keine Grabbeigaben.

Dann waren sie etwas anderes. Aber was? Warum waren sie im Boden? Und wie lange lagen sie hier, bevor sie entdeckt wurden?

Am liebsten würde Willi sie ununterbrochen anhimmeln, seine Himmelsscheibe. Aber irgendwie muss er ja versuchen, ihre Rätsel zu lösen.

Und das schafft er nicht allein …

Deswegen: Trommelwirbel für den Archäometriker* John. Seine Aufgabe ist es, die archäologischen Funde zu untersuchen – mit allen Methoden, die ihnen zur Verfügung stehen. Mit Messinstrumenten, Chemikalien oder was auch immer … Manchmal entdecken sie Dinge, die andere nicht sehen – gar nicht sehen KÖNNEN.

Zunächst dreht sich alles um die entscheidende Frage:

Wie alt ist sie denn nun, die Himmelsscheibe?

Denn es macht ja einen gewaltigen Unterschied, ob sie 100 oder 1000 Jahre alt ist oder vielleicht sogar noch viel älter. Je älter, umso spannender – das ist zumindest Johns Meinung. Aber was er denkt, ist vollkommen egal. Wenn er seine Messungen macht, dann zählen nur Zahlen.

Um herauszufinden, wie alt ein Gegenstand ist, hat er vor allem eine Möglichkeit:

die Radiokarbon- oder auch C14-Methode*.

Diese Möglichkeit zur Datierung* ist großartig, und ihr Entdecker erhielt dafür übrigens den Nobelpreis in Chemie, was fast so etwas ist wie ein Oscar, nur eben für Wissenschaftler. Mithilfe dieser Methode können die Archäometriker aufs Jahr genau sagen, wie alt ein Gegenstand ist. (Genauer gesagt: das Material, aus dem es besteht.)

Allerdings hat die Sache einen kleinen Haken: Sie eignet sich nur für Gegenstände aus Holz und aus anderem »organischen«* Material. Also nicht für Metalle. Das ist – in diesem Fall – ziemlich blöd.

Um einen alten Bronzefund wie diesen hier zu datieren (sein Alter bestimmen), gibt es keine ganz so tollen Möglichkeiten. Leider!

Aber eine haben die Archäometriker doch und die funktioniert so: Sie wissen, dass bestimmte Metalle – altes Kupfer zum Beispiel – nach ihrem Abbau ganz leicht radioaktiv sind, das heißt, eine bestimmte Art von giftiger Strahlung abgeben. Die können sie messen. Etwa 100 Jahre lang strahlen sie. Untersucht man einen alten bronzenen Gegenstand und beim Messen piept nichts, dann wissen die Forscher: Er muss älter sein als 100 Jahre. Genau wie bei der Himmelsscheibe: kein Piepen, kein bisschen radioaktiv. Also:

Geigerzähler

älter als 100 Jahre. Immerhin.

Aber glücklicherweise klemmte an einem der anderen Funde, die mit der Scheibe im Boden lagen, ein winziges Stückchen Holz. HOLZ!! Und DAS konnten sie natürlich datieren. Kaum zu glauben, aber wahr: Es stellte sich als sehr alt heraus –

fast 4000 Jahre alt!!!

So! Nach diesem unglaublichen Ergebnis schaut John sich jetzt die Materialien der Bronzescheibe genauer an.

Bronze ist ja eine Mischung aus Kupfer und Zinn.
Erst wenn man Kupfer bei sehr großer Hitze schmilzt und Zinn hinzufügt, entsteht Bronze.

Bronze ist Jahrtausende altes Hightech!

Um also Bronze herzustellen, mussten die Leute hier eines hinkriegen: den Bau eines Ofens, der richtig heiß wurde. Und wenn John RICHTIG sagt, dann meint er das auch so: mehr als 1000 Grad Celsius. Also, EUER Ofen zu Hause schafft das nicht. Muss er ja auch nicht:

Um Pizza zu backen, reichen 220 Grad Celsius.

Tja, und woher kamen das Kupfer und das Zinn? Solche Metalle fand man nicht an jeder Ecke. Und Baumärkte gab es ja noch nicht. John und seine Leute haben herausgefunden, dass das Kupfer aus den östlichen Alpen kommt, aus Tirol oder aus der Gegend um Salzburg. Das Zinn stammt von noch weiter her, nämlich aus Cornwall in England! Vor 4000 Jahren muss es also schon Handelswege zwischen all diesen Gegenden gegeben haben. Die Plättchen aus Gold haben jeweils andere Zusammensetzungen. Das bedeutet, dass auch das Gold aus ganz anderen Gegenden stammt und unterschiedlich alt ist.

Kupfer aus den Alpen

Zinn aus Cornwall

Bäm! Multikulti in Nebra. Und damit ist jetzt die Astronomin* an der Reihe, sich die Scheibe genauer anzuschauen.

Sternenklare Sache: ein Fall für Kathi! Als Astronomin kennt sie den Sternenhimmel wie ihre Westentasche, wie man so schön sagt – dabei trägt sie überhaupt keine Weste …

Sie ist sich sicher:

Das ist nicht einfach nur ein Bild des Himmels mit Sonne, Mond und Sternen, das ist ein Kalender.

Jetzt wird wahrscheinlich manch einer nachhaken: Wie bitte? Ein Kalender? Der sieht doch ganz anders aus – in einen Kalender kann man Termine eintragen und zum Beispiel nachlesen, wann die Ferien beginnen oder wann man sich verabredet hat.

Das stimmt. Aber es gibt ganz unterschiedliche Kalender. Und trotzdem haben alle etwas gemeinsam: Sie alle haben mit Sternen und Planeten zu tun.

Ja, tatsächlich, so unglaublich das vielleicht auch klingt: In einem Kalender ist vor allem das notiert, was sich am Himmel ereignet.

Alles klar? Nein?
Ok, dann hier – zum besseren Verständnis – einige Beispiele: Wenn die Sonne auf-, unter- und dann wieder aufgeht, sind 24 Stunden vergangen. Der Kalender verzeichnet diesen Wechsel als 1 TAG.

Wenn das 365-mal geschehen ist, dann hat sich die Erde 1-mal um die Sonne gedreht. Dafür notiert der Kalender 1 JAHR.

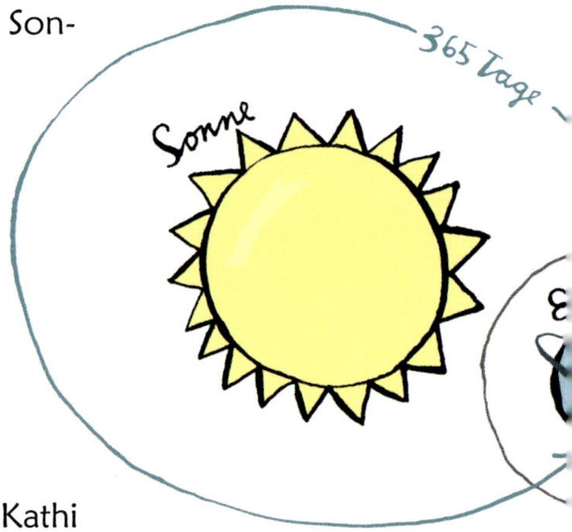

Das Jahr besteht wiederum aus 12 Monaten. In MONAT steckt das Wort MOND, weil der Mond nach etwa 1 Monat um die Erde gekreist ist.

Ein klitzekleines Problem muss Kathi hier aber schon mal kurz erwähnen:
Die Erde braucht nicht haargenau 365 Tage, um 1-mal um die Sonne zu wandern, sondern 5 Stunden, 48 Minuten und ein paar zerquetschte Sekunden mehr. Damit sich dadurch nicht alles verschiebt, kamen geniale Leute schon vor Ewigkeiten auf eine Idee:

Sie fügten alle 4 Jahre einen zusätzlichen Tag ein (bei uns ist dieser Schalttag* der 29. Februar). So ganz haut das auf Dauer zwar auch nicht hin, deshalb muss diese Regel, in noch größeren Abständen, auch noch mal korrigiert werden, aber das nur nebenbei.

Zeit hat etwas Magisches. Sie verstreicht, ohne dass wir es merken. Das hat die Menschen bestimmt auch früher schon irritiert und verunsichert. Einige kluge Köpfe aber hatten bereits vor Jahrtausenden erkannt, dass sich an den Sternen ablesen lässt, dass Zeit vergeht und sich Jahresläufe wiederholen. Und dass die Himmelskörper, die Planeten, dabei helfen können, die Zeit eines Jahres einzuteilen.

Natürlich hatten die Menschen vor Tausenden von Jahren noch keine Termine, so wie wir heute. Etwas ganz Wichtiges mussten sie aber auch damals schon im Kopf haben: Wann nämlich zum Beispiel solche wichtigen Tage gekommen waren, an denen die Saat aufs Feld gebracht oder die Ernte eingeholt werden musste. Dazu merkten sie sich nur das Bild des Himmels für die Tage, die sich in der Vergangenheit als besonders geeignet herausgestellt hatten.

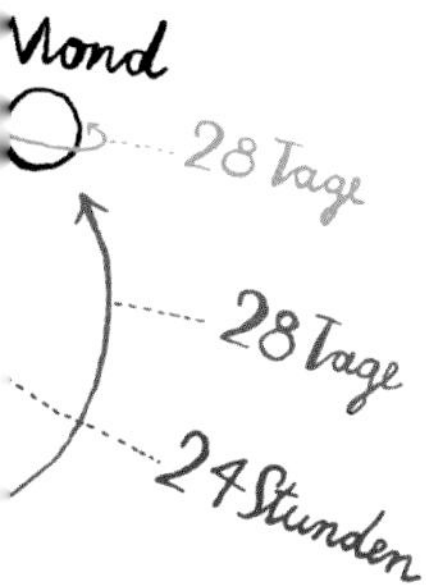

Was für eine geniale Erfindung, ein solcher Kalender! Ein Kalender macht Zeit und Zeitabläufe sichtbar.

Nicht die kurzen Zeitabschnitte, wie die Uhr es mit den Sekunden, Minuten und Stunden tut, sondern lange Zeitabschnitte wie Tage, Wochen, Monate, Jahre, Jahrzehnte und Jahrhunderte.

Ohne Kalender läge die gesamte Zeit vor uns wie ein unendliches Meer. Wir hätten keine genaue Vorstellung, wann die kalte Jahreszeit endet und wann das Frühjahr beginnt.

Kalender sind und waren unglaublich wichtig, aber nicht jede Kultur hatte eine Ahnung davon, weil noch nicht jeder die Sache mit den Planeten durchschaut hatte. Auf dieser Scheibe sind nun zwar keine Verabredungen notiert, aber für Termine ist auch dieser Kalender gut …

Eines muss man sich einmal klarmachen: Diese Scheibe mit ihrem schönen Himmelsbild entstand zu einer Zeit, als die Menschen hier noch gar nicht schreiben konnten. Nicht etwa deshalb, weil sie in der Schule nicht aufgepasst hätten, sondern weil Schrift und Buchstaben noch gar nicht bekannt waren, zumindest nicht in dieser Gegend. So wurde also diese Bronzescheibe zu einer Art himmlischem Kalenderblatt.

Kathi muss jetzt versuchen zu verstehen, was hier denn eigentlich in Bildern »geschrieben« steht.

Also, das hier (a) soll entweder die Sonne oder der Vollmond sein. Und die Bögen haben anscheinend damit zu tun. Sie stehen in einem bestimmten Winkel zueinander.

Hier sind bestimmte Tage notiert. Anstatt diese mit Tag und Monat zu bezeichnen (wie wir das ja machen, also zum Beispiel 7. August), was ohne Schrift ja gar nicht möglich ist, musste ein Bild für diese Tage gefunden werden. So wurden also die Stellen markiert, an denen die Sonne an zwei bestimmten Tagen des Jahres aufgeht und wo sie auf der anderen Seite wieder hinter dem Horizont verschwindet. Das waren übrigens genau die beiden Tage der Sommersonnenwenden*.

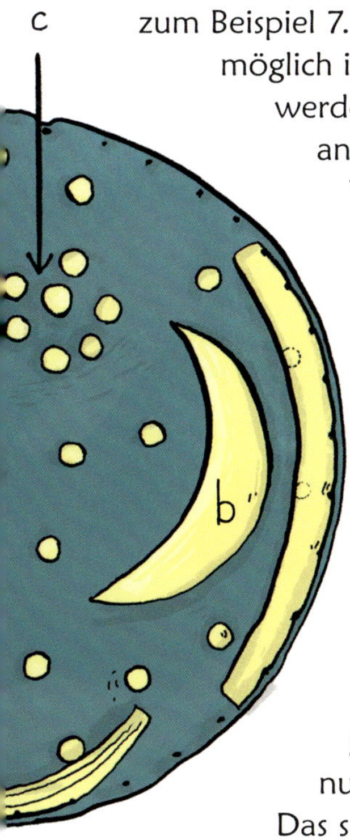

Diese Sichel hier (b) zeigt den zunehmenden Mond, also den Mond nach Neumond.

Ganz besonders auffällig sind, neben all den anderen kleinen goldenen Sternenpunkten, diese 7 Sterne hier (c). Alle anderen goldenen Punkte sind gleichmäßig über die Scheibe verteilt, nur die hier bilden einen seltsamen Haufen. Das sollen bestimmt die Plejaden sein, so nennt man dieses Siebengestirn.

Kathi erkennt, wie die Himmelsscheibe als Kalender funktionierte. Hier wird an einen wichtigen Termin erinnert: Verschwanden diese 7 Sterne im Frühjahr nämlich vom Himmel, dann wussten die Bauern:

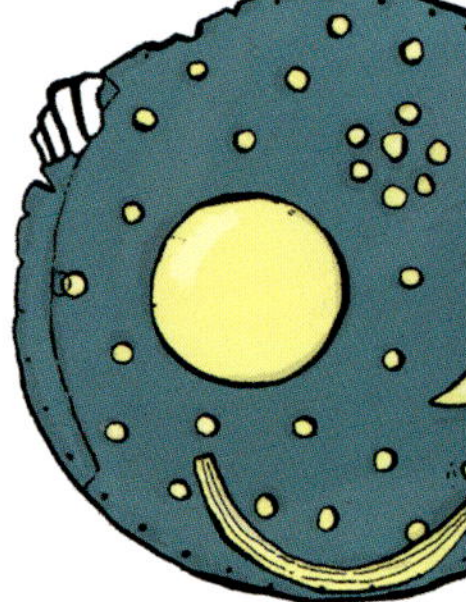

Jetzt ist der Tag gekommen, an dem wir die Saat aufs Feld bringen müssen.

Waren die 7 Sterne im Oktober wieder zu sehen, war die Zeit der Ernte gekommen. So schien also der Himmel zu bestimmen, was auf der Erde zu geschehen hatte.

Kathi kann auch erkennen, dass das Bild auf der Scheibe verändert wurde. Zuerst waren wohl nur die Monde und die Sterne da. Erst später kamen die Bögen und das Boot dazu. Und auch die Löcher sind ganz bestimmt eine spätere Veränderung. Vielleicht musste die Scheibe irgendwo befestigt werden? Dafür ist Kathi aber nun wirklich keine Spezialistin.

In den Sternen aber kann Kathi noch mehr erkennen: Interessant ist die Sichel hier. So dick ist nämlich der zunehmende Mond genau 4 Tage nach Neumond. Dazu gibt es eine alte Regel, die schon im Orient bei den Babyloniern bekannt war (die begnadete Sternengucker waren). Sie hatten sie aufgeschrieben – zum Glück war das Schreiben da bereits erfunden.

Die Regel lautet:

Wenn im Frühjahrsmonat die 7 Sterne der Plejaden und der Mond genau 4 Tage nach Neumond gleichzeitig am Himmel zu sehen sind, dann ist die Zeit gekommen, einen Schaltmonat einzufügen.

Ja, Schaltmonat, ein altes Problem, und die Babylonier hatten das bereits erkannt (und hatten dafür ganz sicher Jahrhunderte an Sternenbeobachtungen gebraucht).

»Aber auch hier, in Nebra, die »alten Nebriten«, haha!« Richtig clevere Leute. Von wegen einfache Bauern … Kannten zwar noch keine Schrift, aber machten sich Gedanken über Himmelsbilder, Kalender und Schaltjahre*. Wow!!!

Fasst sich jetzt jemand an den Kopf und sagt sich:
»Die spinnt wohl, diese Astronomin ...«?
»Hat entweder einen Sonnenstich oder zu lange ins Fernrohr geglotzt!«

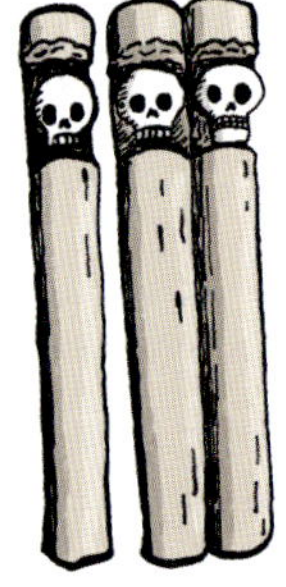

Wer das denkt, hat ja keinen blassen Sternenschimmer und wahrscheinlich noch nie etwas von Pömmelte gehört. Ja, PÖMMELTE. Das ist weder was Fettiges von der Imbissbude noch eine Apfelsorte. Das so genannte »Ringheiligtum von Pömmelte« ist der Beweis dafür, dass die Leute hier schon vor Tausenden von Jahren den Himmel beobachteten.

Und weil Pömmelte, das »deutsche Stonehenge«, nur etwa 90 Kilometer von Nebra entfernt ist, sind die Erkenntnisse von dort auch für unsere Himmelsscheibe interessant.

Kathi und ihre Kollegen vermuten, dass in Pömmelte die Sonne verehrt wurde und dass hier immer dann der Bär steppte, wenn besondere Tage gefeiert wurden wie beispielsweise die Sommersonnenwende.

Noch glänzendere Augen (geht das überhaupt?) bekommt sie, wenn sie von GOSECK erzählt. Dort nämlich befindet sich eine »Kreisgrabenanlage« (gähn! gähn?), die aus kreisförmigen Gräben und hölzernen Konstruktionen bestand. Aber jetzt kommts: Diese Anlage war ein Observatorium*, hier wurde der Sternenhimmel beobachtet und wissenschaftlich erforscht – und zwar bereits vor 7000 Jahren! Das bedeutet:

In Goseck befand sich das älteste Planetarium Europas!

Na? Ist das Beweis genug? Der Blick zum Nachthimmel stand also schon damals auf der Tagesordnung!

Ringheiligtum, Kreisgrabenanlage, Himmelsscheibe. Kathis letzte Frage an alle Sternengucker: Fällt jemandem was auf? Na klar, hier geht es RUND. Kreisrund sogar!
Und ob aus dem Ganzen eine richtig runde Sache wird?
Das wird jetzt Willi zeigen müssen …

DIE
BRONZEZEIT

Je länger sich Willi mit der Himmelsscheibe beschäftigt, je mehr auch seine Kollegen dazu herausfinden, um so mehr gerät er ins Staunen über die Zeit, aus der die Scheibe stammt – die »Bronzezeit« …
Eins vorweg: Natürlich sagten die Menschen, die vor fast 4000 Jahren hier lebten, nicht etwa von sich:

»Hallo, wir leben in der Bronzezeit.«

Bronzezeit ist ein moderner Ausdruck. Damit bezeichnen wir die Zeit, in der die Menschen vor allem Gegenstände aus dem damals neuartigen Material Bronze herstellten – und nicht mehr aus Stein, wie in der Steinzeit zuvor. 
Die meisten Menschen damals lebten als Bauern und bestellten ihr Land. Das klappte gut, denn der Boden hier im Nebra-Land war so fruchtbar wie sonst kaum irgendwo auf der Welt (ist er übrigens immer noch), reiche Ernten waren also sicher.

Die Menschen arbeiteten hart – klar, das taten alle – aber hier ernährten sie sich auch gut. Das konnte man anhand der Knochen und Zähne schließen. Meist lebten große Familien zusammen, es wurde zum Beispiel getöpfert, gewebt, Käse hergestellt, geschmiedet. Viele Menschen hatten also so etwas wie einen Beruf. Ihre Erzeugnisse kamen der ganzen Gemeinschaft zugute. Sie bekamen wiederum von den anderen das, was sie zum Leben brauchten.

Nicht jeder musste also zum Beispiel Getreide anpflanzen, um Brot zu haben. Das kommt uns heute ganz selbstverständlich vor – wir leben ja auch so. Aber in der Vergangenheit war das keineswegs üblich. Wenn es dort so war, dann zeigt das, dass die Menschen in einer entwickelten Kultur lebten.

Gemeinschaft spielte eine wichtige Rolle, wie man so schön sagt.

Dann war hier auch bekannt, wie man Bronze machen konnte. Nicht nur Schmuck, auch Werkzeug wurde daraus hergestellt. Bronzewerkzeuge waren im Vergleich zu Steinwerkzeugen sehr viel praktischer und effizienter: Mit ihnen ließen sich zum Beispiel mehr Ernten in kürzerer Zeit einbringen.

Auch die Waffen veränderten sich mit dem neuen Material: Sie wurden stabiler, schlagkräftiger und damit gefährlicher, und aus Bronze konnten nun auch schützende Helme und Schilde hergestellt werden. Bronze brachte also verschiedene Veränderungen mit sich. Es entstanden ganz neue Berufe.

Die Nebra-Zeit war offenbar eine friedliche Zeit. Die Menschen führten wenige Kriege: Willi und seine Kollegen fanden keine eingeschlagenen Schädel oder Spuren von Kämpfen aus dieser Zeit.

»Ich glaube, ich hätte gern in dieser Zeit gelebt, Naja, zumindest hätte ich gern mal ‚hallo' gesagt ...«, meint Willi.

Die Himmelsscheibe war übrigens nicht der erste bronzezeitliche Fund aus dieser Gegend. Dass hier früher schon Menschen gelebt hatten, wussten Willi und seine Leute natürlich – das ist ja auch nicht weiter erstaunlich. Aber lange erschien ihnen diese Zeit, naja, – wie soll man sagen – nicht besonders … spektakulär. Ja, das ist genau das richtige Wort.

Aber ist das ein Wunder? Die Menschen der Bronzezeit haben ja schließlich weder riesige Steingebäude noch Inschriften hinterlassen, also nichts, was irgendwie besonders beeindruckend oder zum Beispiel mit den ägyptischen Pyramiden vergleichbar wäre.

So ganz stimmt das allerdings nicht, denn ursprünglich gab es hier bronzezeitliche Hügelgräber*, die Ähnlichkeit mit Pyramiden hatten. Und sogar Sternbeobachtungsstationen, also Observatorien. Ein anderer spektakulärer Ort liegt gar nicht weit entfernt:

das »deutsche Stonehenge« in Pömmelte, wo ganz viele Rituale gefeiert wurden.

Jetzt – mit der Himmelsscheibe – sind die Archäologen natürlich ganz scharf darauf, noch viel mehr über die Menschen von damals zu erfahren. Und über ihre Kultur, die »Aunjetitz-Kultur«*, so hat sie ein Wissenschaftler genannt.

Direkt an Nebra liefen seit Jahrtausenden wichtige Handelsrouten vorbei. Auf diesen Routen brachten Händler aus entfernten Gegenden der Welt Waren hierher. So gelangten kostbare Dinge wie Gold, Kupfer, Bernstein, Schmuck, Salz, Werkzeuge in diese Region und noch vieles andere mehr: Wissen, Ideen und Know-how. Ganz bestimmt auch, wie man Bronze herstellen konnte.

Auf jeden Fall war hier kein Kuhdorf,

sondern ein wichtiger Ort. Willi glaubt, dass es hier einen Staat gab, mit steuerlichen Abgaben, mit Herrschern, die sich in großen Gräbern beisetzen ließen, gut organisiert und an die Straßen des Fernhandels angebunden.

Die Himmelsscheibe ist die älteste Darstellung eines Himmels, die wir kennen. Vollgepackt mit Wissen, das der Archäologe den Leuten gar nicht zugetraut hätte. Einer von ihnen war ein ganz besonderer Mann:

der »Herr der Himmelsscheibe«,
der Schmied.

Das war kein einfacher Handwerker, davon ist Willi überzeugt! Er war klug, weitgereist, oder war zumindest in Kontakt mit Fremden, die dieses Know-how mitbrachten. Er besaß Wissen, das außer ihm niemand hier in der Gegend hatte. Wer darüber verfügte, hatte eindeutige Vorteile, die ihm Macht und Einfluss veliehen. Das war damals nicht anders als heute.

Gut möglich, dass der Herr der Himmelsscheibe der Herr über die anderen war, ein Fürst vielleicht. Weil er wusste, wann die Saat aufs Feld, wann die Ernte rein und wann ein extra Jahr »geschaltet« werden musste.

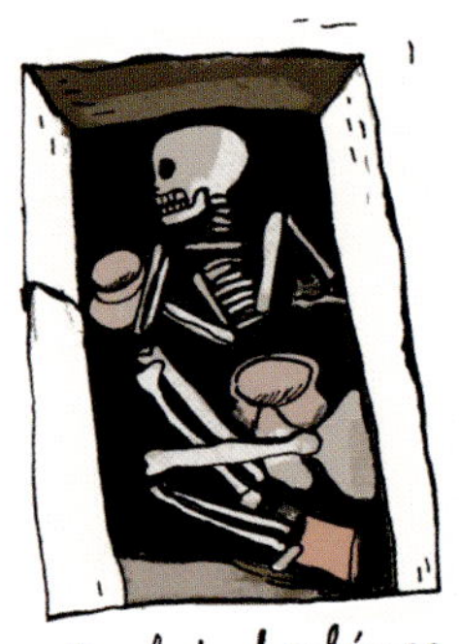
Grab in Leubingen

Mit seinem Sternenwissen war er selber dem Himmel nah, vielleicht kam er den Menschen fast ein wenig göttlich vor. Andere sahen in ihm bestimmt so etwas wie den Gebieter über das Metall und das Feuer. Er konnte ja zaubern, so schien es, er konnte Bronze herstellen.

Als Archäologe darf Willi natürlich nicht nur herumfantasieren und sich irgendetwas ausdenken. Er muss auch Beweise finden. Nicht unbedingt Beweise dafür, dass es genauso war, wie er behauptet. Aber Beweise dafür, dass es so gewesen sein KÖNNTE!

Und einen möglichen Beweis liefert dieses Grab hier, das in Leubingen – nicht weit von Nebra – entdeckt wurde. Hier liegt ein Mann begraben. Dass er ein besonderer Mann war, verraten schon die Form und die Größe seines Grabes, außerdem auch die Grabbeigaben, also die Gegenstände, die ihm mit ins Grab gelegt worden waren (die übrigens aus derselben Zeit stammen wie die Himmelsscheibe). Aber jetzt kommts: Es sieht ganz so aus, als war das ein Schmied, der hier lag. Wenn das mal nicht unser »Herr der Himmelsscheibe« ist, der hier seine letzte Ruhe gefunden hat. Willi weiß, dass man dazu ein wenig Fantasie braucht. Aber er sieht das alles klar und deutlich vor sich.

Schwer zu sagen, was später mit der Scheibe geschah. Aus irgendeinem Grund wurde sie verändert, ergänzt, das steht fest. Und irgendwann wurde sie vergraben, bestattet, wie in einem eigenen Grab auf dem Mittelberg, an einer ganz besonderen Stelle … Irgendwann starben auch der Herrscher und alle anderen. Und irgendwann ging das ganze Nebra-Reich unter und geriet in Vergessenheit.

Wie es jetzt weitergeht mit der Himmelsscheibe? Das steht ein ganz klein wenig in den Sternen. Natürlich wird sie im Museum bleiben und weiterhin die Menschen faszinieren. Ob aber irgendwann neue Erkenntnisse die Scheibe in einem anderen Licht erscheinen lassen?
Das müssen wir abwarten. Das letzte Wort zur Scheibe ist noch lange nicht gesprochen. Die Archäologen forschen weiter und bleiben auf jeden Fall am Ball – äh ... natürlich

»an der Scheibe«.

Also, seid gespannt, wie es mit der umwerfenden Himmelsscheibe von Nebra weitergeht!

Was aus Ronny, Rüdiger, Ingeborg und Horst wurde, fragt da jemand? Zunächst einmal solltet ihr etwas wissen: Alle Namen sind frei erfunden. Die Personen aber gab es wirklich, und es gibt sie noch immer. Sie alle blickten ihren gerechten Strafen entgegen:

Ronny wurde zu vier Monaten, **Rüdiger**, als der Ältere, sogar zu neun Monaten Haft verdonnert.

Auch die Hehler mussten für ihre Taten geradestehen: **Horst** erhielt sechs Monate Haft, außerdem musste er 150 Stunden gemeinnützige Arbeit leisten.

Ingeborg behauptete, dass sie die Funde nur hatte retten wollen, trotzdem erhielt sie mit 12 Monaten Haft die höchste Strafe, und musste außerdem noch 5000 € zahlen. Da alle Strafen »zur Bewährung« ausgesetzt waren, landete übrigens keiner der vier im Gefängnis.

Armin, der vor der Polizei bereitwillig alles ausgeplaudert und etliche Informationen geliefert hatte, ging straffrei aus.

Willi arbeitet noch immer im Museum in Halle und forscht fleißig weiter an der Himmelsscheibe. Noch immer kann man ihn manchmal dabei beobachten, wie er vor seinem Lieblingsobjekt heimlich kleine Tänze aufführt – so glücklich ist er bis heute über die Scheibe.

Es waren aber noch mehr beteiligt als die, von denen hier erzählt wird: Staatsanwältinnen und Staatsanwälte, weitere Polizistinnen und Polizisten aus dem In- und Ausland, Leute aus dem Innen- und Kultusministerium, dem Landesamt für Archäologie in Sachsen-Anhalt und noch mehr Wissenschaftler und Spezialistinnen.
Ihnen allen gemeinsam ist zu verdanken, dass sich die Himmelsscheibe heute wohlbehalten, restauriert, gut bewacht und gut erforscht in Halle befindet.

DAS SCHATZSUCHER-

Kelle

Bleistift

Meißel

Kelle

Hammer

Spaten

Absperrband

Eimer

Maßstab

Lineal

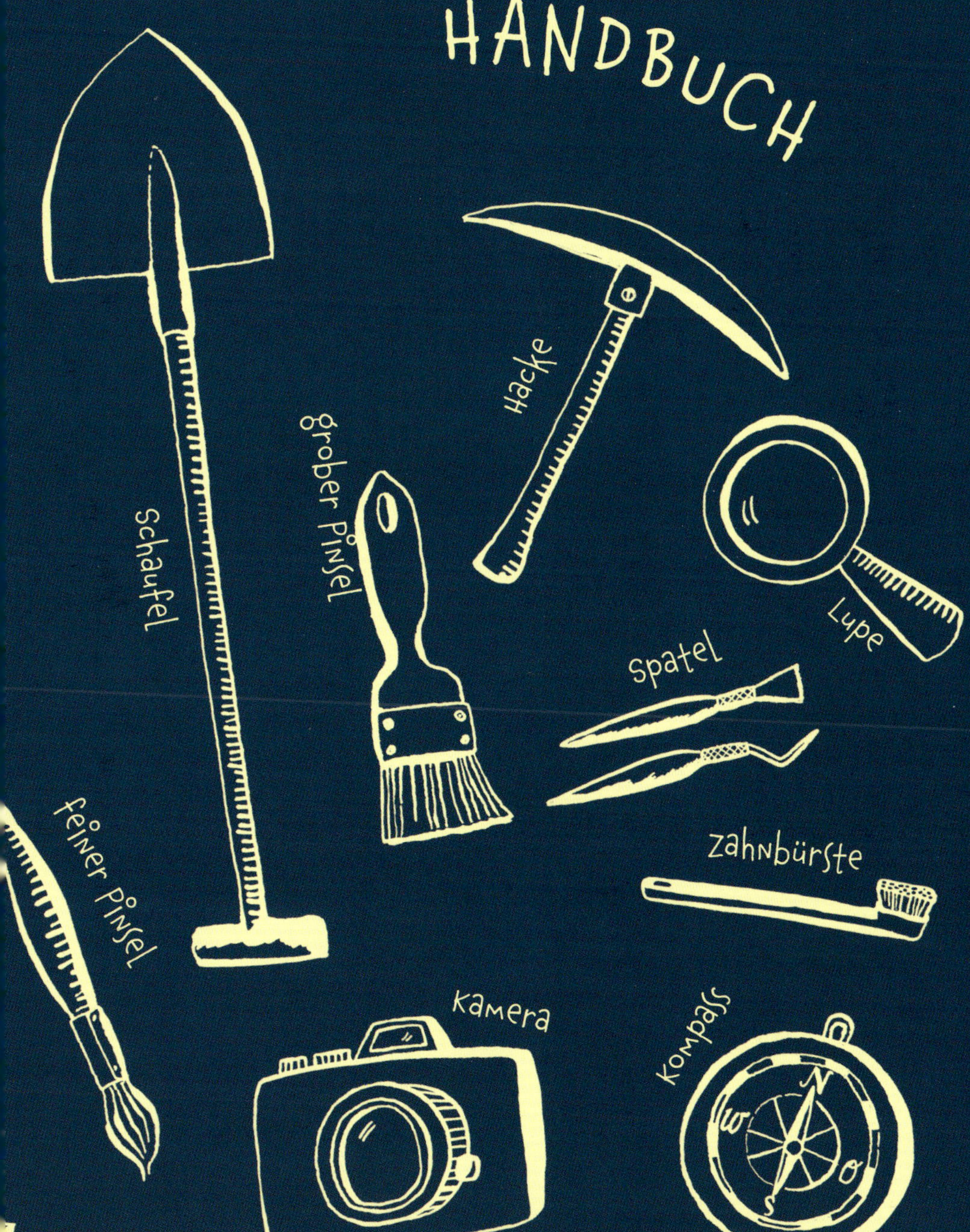

HANDBUCH

Hacke

grober Pinsel

Schaufel

Lupe

Spatel

Zahnbürste

feiner Pinsel

Kamera

Kompass

Apps für Schatzsucher
Die gibt es tatsächlich! Im Netz finden sich unter diesen Stichworten Hinweise auf Schnitzeljagden und Geocaching. Vielleicht nicht genau das, was man sich unter einer »echten« *Schatzsuche* vorstellt, aber immerhin.

Archäologen/Archäologinnen
wollen etwas über das Leben der Menschen vergangener Zeiten erfahren, suchen dafür zum Beispiel im Boden (oder im Wasser) nach alten Gebäuden oder Gegenständen, und erforschen diese. Um Archäologe/in zu werden, muss man studieren, dafür braucht man die Hochschulreife, also Abitur (siehe auch *Grabungstechniker*).

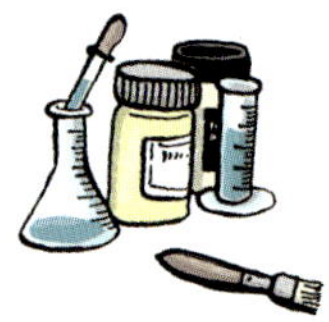

Archäometriker/Archäometrikerinnen
betreiben Archäometrie: Sie beantworten archäologische Fragen mithilfe naturwissenschaftlicher Methoden (zum Beispiel zur Zusammensetzung bestimmter Metalle). Sie sind meist Chemiker, Physiker oder auch Biologen.

Astronomen/Astronominnen
beschäftigen sich mit Astronomie, also mit der Wissenschaft von den Sternen und dem Weltall. Astronomen gab es bereits in der Steinzeit.

Aunjetitzer Kultur
In der frühen *Bronzezeit* bildete sich in der Region Mitteldeutschlands und angrenzender Gebiete die Aunjetitzer Kultur heraus, benannt nach dem ersten Fundort (Aunjetitz nahe Prag). Die Menschen dieser Kultur lebten in einem strategisch wichtigen Gebiet (zwischen Mittelmeer und dem Norden) und hatten weitreichende Handelsbeziehungen.

Die Himmelsscheibe von Nebra ist der bekannteste Fund dieser Kultur, die noch lange nicht abschließend erforscht ist.

Bodendenkmal
Ein Bodendenkmal ist ein archäologischer Fund, der aus dem Boden stammt. Als Denkmal ist er schützenswert und steht unter Denkmalschutz. Ob ein Fund zum Bodendenkmal erklärt wird, bestimmt in Deutschland die jeweils zuständige *Denkmalschutzbehörde* eines Bundeslands (siehe *Bodendenkmalpflege*).

Bodendenkmalpflege
In Deutschland besitzt jedes Bundesland eine verantwortliche Stelle, die für die *Bodendenkmäler* zuständig ist, siehe *Denkmalschutzbehörde*. Im Netz findet man viele Informationen zu dieser Institution wie Adresse, Ansprechpartner, Veranstaltungshinweise, wo und wann man *Archäologen* bei der Arbeit über die Schulter sehen kann und vieles mehr.

Bronze
ist eine Metallverbindung (Legierung) aus Kupfer und Zinn. Bronze wurde nicht hier erfunden, sondern sehr weit weg – wahrscheinlich im heutigen Palästina.

Bronzezeit
ist die Zeit in der Geschichte der Menschheit, in der metallene Gegenstände erstmals und vor allem aus *Bronze* hergestellt wurden. In Mitteleuropa war das von etwa 2200 bis 800 v. Chr., davor war die Steinzeit, danach die Eisenzeit.

C14-Methode

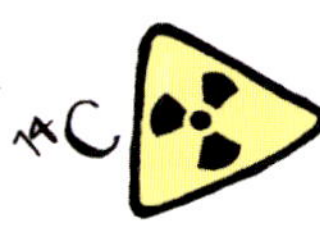

(auch Radiokarbonmethode) ist eine Möglichkeit zur Altersbestimmung von *organischem Material*: Mit dem Tod eines Lebewesens oder einer Pflanze endet die Aufnahme von Kohlenstoff, in dem das sogenannte C14 enthalten ist, das eine messbare (leicht radioaktive) Strahlung hat. Da nach 5730 Jahren nur noch die Hälfte der Strahlung erhalten ist, können Wissenschaftler das Alter zum Beispiel von Holz (bzw. wann der Baum gefällt wurde) genau bestimmen.

Datieren

bedeutet: das Alter bestimmen. Erst mit einer genauen Datierung können *Archäologen* einen Fund richtig einordnen, ihn zum Beispiel mit anderen Funden aus derselben Zeit vergleichen. Das Alter eines Fundes zu bestimmen, ist nicht immer leicht.

Denkmalschutzbehörde

In Deutschland muss sich jedes Bundesland um den Schutz seiner Denkmäler kümmern. Dafür zuständig sind Denkmalschutz- oder Denkmalfachbehörden, die beispielsweise darüber entscheiden, ob ein Fund zum *(Boden-)Denkmal* erklärt wird und was dann damit geschieht.

Fundzusammenhang

Ein Fundzusammenhang beschreibt zum Beispiel, wie, wo, in welcher Tiefe und mit welchen anderen Funden ein Gegenstand gefunden wurde? Mit möglichst vielen Informationen besteht die Chance, einen Fund richtig zu deuten, einzuordnen und zu *datieren*. Auf einer wissenschaftlichen Ausgrabung werden (anders als bei Raubgrabungen) alle Fundinformationen genau dokumentiert – beschrieben, gezeichnet und fotografiert.

Grabung
Eine Grabung (keine *Raubgrabung*) ermöglicht es *Archäologen*, nähere Informationen zu einem *Bodendenkmal* zu erhalten. Bei einer Grabung sind nicht nur die Funde, sondern auch *Fundzusammenhänge* wichtig. Wer graben darf und wohin die Funde hinterher gelangen, wird vorher genau geklärt. Natürlich darf kein Ausgräber die Funde behalten, die bei einer Grabung ans Tageslicht kommen.

Grabräuber
... oder *Raubgräber*? Schnell wird ein *Raubgräber* zum Grabräuber: Stellt sich die Fundstelle als Grab heraus, gräbt der Räuber nicht nur, sondern raubt ein Grab aus (Störung der *Totenruhe*). Grabräuberei/*Raubgräberei* wird in Filmen und Computerspielen oft verharmlost, doch nicht vergessen: *Raubgraben* und Grabrauben stehen unter Strafe.

Grabungslizenz
Wer irgendwo graben möchte, braucht dazu eine Genehmigung (Lizenz). Zuständig ist immer derjenige, dem der Grund und Boden gehört, bei kleineren Grundstücken meist Privatleute, bei Wäldern beispielsweise die Kommunen oder das jeweilige Bundesland. Kein Ausgräber sollte einfach drauflosgraben (siehe *Schatzsuche*), sondern sich vor jedem ersten Spatenstich informieren, zum Beispiel bei der zuständigen *Denkmalschutzbehörde*.

Grabungstechniker/Grabungstechnikerinnen
haben auf einer *Grabung* die technische Leitung. Sie müssen sich mit allen Techniken rund ums Graben, Dokumentieren und die Fundbergung auskennen, und im entscheidenden Moment richtig anwenden. Üblicherweise macht man eine Ausbildung zum/zur Grabungstechniker/in und benötigt

dafür einen MSA. Wenn du dich jetzt schon dafür interessierst: siehe *Bodendenkmalpflege.*

Grabungswerkzeug

Im Boden graben und nach Schätzen suchen kannst du prinzipiell mit allem – mit den Händen ebenso wie mit einer Suppenkelle. Versierte *Archäologen* verwenden allerdings lieber diese Grabungswerkzeuge:

- Eine möglichst kleine *Hacke* ermöglicht zielgerichtetes Arbeiten, zum Beispiel, um den Boden zu lockern.

- Mit einer speziellen *Kelle*, möglichst klein und vorne spitz oder auch rund zulaufend, lassen sich viele archäologische Feinarbeiten verrichten (Kratzen, Schaben, Abziehen etc.). Anders als Maurerkellen sind diese Kellen aus einem Stück geschmiedet und deshalb sehr stabil.

- *Pinsel* eignen sich, um kleine Bereiche von Sand und Staub zu befreien. Für größere Bereiche nimmst du besser Handfeger.

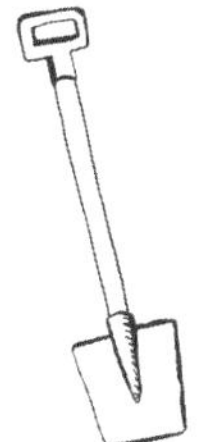

- *Schaufeln* werden, wie *Spaten*, zur groben Bodenbewegung verwendet – aber wirklich nur dazu!
  Gut geeignet sind Schaufeln mit einer Sägevorrichtung zum Schneiden kleiner Wurzeln.

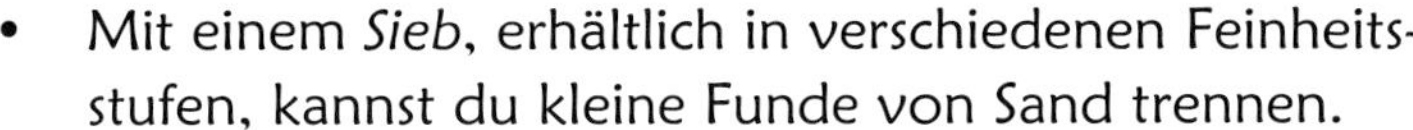

- Mit einem *Sieb*, erhältlich in verschiedenen Feinheitsstufen, kannst du kleine Funde von Sand trennen.

- *Zahnbürsten* sind gut geeignet, um empfindliche, leicht verschmutzte archäologische Objekte zu reinigen, sind danach aber nicht mehr zum Zähneputzen zu gebrauchen.

Übrigens: Wenn du nicht gerade einen Dinosaurierknochen aus dem Felsen hacken willst, ist ein Hammer als Grabungswerkzeug eher ungeeignet und hat in der Nähe eines empfindlichen archäologischen Gegenstands nichts zu suchen.

Halbedelmetalle
Während Edelmetalle (wie Gold und Silber) chemisch besonders stabil sind, verändern sich Halbedelmetalle (wie Kupfer, *Bronze* und Zinn) unter Wasser- und Lufteinfluss, sie korrodieren.

Hehler
Ein Hehler betreibt Hehlerei, verkauft also Dinge (Wert-, Kunst- oder Kulturgegenstände) weiter, obwohl er weiß, dass diese gestohlen oder kriminell erworben wurden (also anders als ein Händler). Hehler werden – je nach Wert des Gegenstands – bestraft, möglicherweise sogar mit Gefängnisstrafe.

Hügelgräber
sind Gräber unter Erdhügeln. Nur Herrscher oder hochgestellte Personen erhielten solche Gräber – meist zusammen mit kostbaren Grabbeigaben. In der frühen *Bronzezeit* waren Hügelgräber typisch für die *Aunjetitzer Kultur.*

Kulturdenkmal
Kulturdenkmäler sind Zeugnisse menschlichen Lebens aus vergangener Zeit, also Gegenstände von besonderer Bedeutung, die durch ein Gesetz geschützt werden.
Wer ein Kulturdenkmal findet, muss das umgehend der zuständigen *Denkmalschutzbehörde* melden. Bis jemand zur Rettung des Denkmals eintrifft, hat der Finder die Aufgabe, den Fund vor Gefahren zu schützen.

Das macht deutlich: Jeder hat nicht nur ein Anrecht auf Kultur, sondern auch eine Verpflichtung.

Metalldetektor
Metalldetektoren besitzen im Innern eine Elektrospule, deren Magnetfeld bis weit in den Boden reicht, Metall aufspürt und durch Piepen anzeigt. Sie kommen in verschiedenen Bereichen zum Einsatz, bei der Kontrolle von Personen am Flughafen genauso wie bei archäologischen Erkundungen. Das Benutzen von Metalldetektoren (*Sondengänger*) ist nicht verboten – das Graben im Boden, sobald es piept, aber schon (*Schatzsuche*, *Raubgräberei*)! Beim Kauf eines Metalldetektors solltest du auf eine hohe Empfindlichkeit und eine große Suchspule achten.
Bei Stiftung Warentest findet man mit »sehr gut« bewertete Modelle für weit unter 100 € (siehe *Selber graben*).

Militaria
sind militärische Reste aus Kriegen, zum Beispiel Waffen, Helme und Abzeichen. Auch diese recht häufigen Funde müssen gemeldet werden.

Observatorium
Beobachtungsstation zur Erforschung des Sternenhimmels mithilfe optischer Geräte – auch als Planetarium bezeichnet.

Organisches Material
sind kohlenstoffhaltige Reste von einem Organismus, also von einem Lebewesen oder einer Pflanze.

Raubgräberei
steht unter Strafe, denn es ist Diebstahl. Ein Raubgräber macht noch mehr als stehlen: Er zerstört Befunde, raubt

damit einem Fund seine »Identität« – *Archäologen* können den Gegenstand ohne dieses wichtige Wissen nicht vollständig erforschen.

Schaltjahr
wird ein Jahr genannt, dem ein 29. Februar als zusätzlicher Tag (Schalttag) hinzugefügt wird. Schaltjahre sind alle 4 Jahre nötig, weil die Erde tatsächlich 365 Tage UND 5 Stunden, 48 Minuten und 45 Sekunden braucht, um einmal um die Sonne zu wandern. Ein Jahr ist also eigentlich 365 plus ¼ Tag lang. Ohne Ausgleich durch die Schalttage gäbe es irgendwann Chaos. Nur hohe Kulturen kannten solche Regeln, die *Aunjetitzer Kultur* gehörte dazu.

Schatz
Jeder hat eine andere Vorstellung von einem Schatz. Ein Schatz kann ein geliebter Mensch sein, aber auch eine Kiste mit Gold. Viele Legenden ranken sich um vergrabene und verschwundene Schätze. Ein archäologischer »Schatz« hat häufig weniger einen materiellen als vielmehr einen historischen Wert.

Schatzregal
In Deutschland gehört ein im Boden gefundener »*Schatz*« fast immer automatisch dem jeweiligen Bundesland, in dem er gefunden wurde (lateinisch »regalis« – »königlich«: der Fund gehört also dem »Herrschenden«), denn: *Kulturdenkmäler* gehören nicht in Privatsammlungen, sondern in die Öffentlichkeit, in Museen. Einzig in Bayern, Nordrhein-Westfalen und Hessen teilt sich der Finder den *Schatz* mit dem Eigentümer der Fundstelle oder beide erhalten den halben Gegenwert des *Schatzes*.

Schatzsuche

Wer einen *Schatz* sucht und auch findet, steht möglicherweise bereits mit einem Fuß im Gefängnis. Entscheidend ist, wie sich der Finder im Anschluss an seinen Fund verhält: Reißt er den Fund aus dem Boden? Zerstört er *Fundzusammenhänge*? Tut er das aus Habgier, weil er den Fund weiterverkaufen will? Dann wird aus der Schatzsuche schnell eine *Raubgrabung*, der Finder zum *Raubgräber* und *Hehler*. Die Strafe, die ihm dann droht, kann sogar eine Gefängnisstrafe sein. Wer einen *Schatz* findet, hat diesem gegenüber eine Verpflichtung (*Kulturdenkmal*).

Selber graben

So schön das wäre, doch solltest du das nicht auf eigene Faust tun. Möglichkeiten gibt es aber hier: Archäologische Denkmalämter sehen private *Sondengänger* als »Partner« an. Nach einer kurzen Ausbildung zum *Sondengänger* (inklusive Zeugnis) darf man mitmachen. Da das Mindestalter 18 Jahre beträgt, musst du erst deine Eltern oder Großeltern begeistern und dann ein *Metallsuchgerät* anschaffen. Wer *Sondengänger* und den Namen des eigenen Bundeslands im Web sucht, erhält dazu hilfreiche Informationen von den zuständigen Landesregierungen.

Sommersonnenwende

Die Sommersonnenwende bezeichnet den kalendarischen Sommeranfang an dem Tag, an dem die Sonne ihren höchsten Stand über dem Horizont erreicht (21.6.).
Ein magisches Datum: Mit dem Sommeranfang werden die Tage wieder kürzer, die Nächte länger. Entsprechend gibt es im Winter die »Wintersonnenwende« am 21.12., dem kürzesten Tag des Jahres.

Sondengänger
sind mit *Metalldetektoren* (Sonden) ausgestattete *Schatzsucher* (siehe auch: *Selber graben*). Auf dem Gebiet der Deutschen Demokratischen Republik (DDR) war es bis 1989 verboten, Sonden zu verwenden.

Totenruhe
In vielen Ländern dieser Welt gilt die Totenruhe, die nicht gestört werden darf. Verboten ist es, Gräber zu plündern oder zu zerstören. Zwar tun *Archäologen* das manchmal auch, allerdings aus wissenschaftlichen Gründen. Auch sie haben die Ruhe eines Toten zu respektieren und dafür zu sorgen, dass nach einer *Grabung* die Knochen wiederbestattet werden.

Weltdokumentenerbe
Das Weltdokumentenerbe ist eine Liste des von der UNESCO gegründeten Programms »Memory of the World« (»Gedächtnis der Welt«) mit den wichtigsten Aufzeichnungen der Weltgeschichte, die in digitalisierter Form abrufbar sind. Es soll dazu dienen, dass weltweit jeder Zugang zu den wichtigsten Dokumenten der Menschheit hat.
Die Himmelsscheibe von Nebra gehört seit 2013 dazu. Das zeigt, wie bedeutend sie ist.

Zahnbürste
siehe *Grabungswerkzeug*

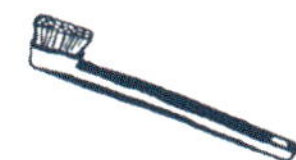

Spannend wie ein Krimi: Die Sachbuchreihe »Dusty Diggers« über die wichtigsten archäologischen Funde in Deutschland und der Welt

Wir erzählen mit dieser Reihe Geschichten von der Vorzeit bis zur Neuzeit:

Band 1: **Auf der Jagd nach der krassesten Pizza der Bronzezeit**
Die Geheimnisse der Himmelsscheibe von Nebra
ISBN 978-3-86502-446-6

Band 2: **Gekrächze aus der Urzeit**
Das Geheimnis des Urvogels Archaeopteryx
ISBN 978-3-86502-460-2

Band 3: **Wilde Wikinger in Sicht**
Das Geheimnis von Haithabu
ISBN 978-3-86502-466-4

Band 4: **Die mausetoteste Mumie aus dem Alten Ägypten**
Das Geheimnis von Tutanchamun
ISBN 978-3-86502-486-2

www.seemann-henschel.de
www.facebook.com/seemanns.bilderbande
www.instagram.com/seemann_henschel_verlagsgruppe

Projektmanagement: Caroline Keller
Layout und Satz: Barbara Hinz, Leipzig, bureaubara.de
Herstellung, Druck und Bindung: feingedruckt – Print und Medien, Neumünster, feingedruckt.de

Nachhaltig produziert nach Kriterien des Ökolabels Nordic Swan, zertifiziert: Material FSC®-zertifiziert

Bibliografische Information der Deutschen Nationalbibliothek
Die Deutsche Nationalbibliothek verzeichnet diese Publikation in der Deutschen Nationalbibliografie; detaillierte bibliografische Daten sind im Internet über http://dnb.dnb.de abrufbar.

ISBN 978-3-86502-446-6

NEBRA